Para:

De:

Direção de arte: Trini Vergara
Tradução: Carmen Pareras
Desenho: Raquel Cané

Pinturas: © Superstock

Edição: Lidia María Riba

Colaboração editorial:
Cristina Alemany
Enriqueta Naón Roca
Mercedes Olcese

As editoras agradecem aos editores, autores e agentes literários a autorização para publicar material com direitos. Se tiverem cometidos erros ou omissões, estarão complacentes de fazer os esclarecimentos necessários nas próximas edições.

Av. Elias Zarzur 168 / Cep: 06708-210 - Cotia
São Paulo - Brasil - Tel/Fax: (55-11) 4612-2866
e-mail: editoras@vergarariba.com
www.livropresente.com

ISBN: 85-87213-85-7

Fotocromia: DTP Ediciones

Impresso na China por AVA Book Production Pte. Ltd., Singapore

Printed in China

Viva suas conquistas

V&R Editoras

O CONCEITO DE ÊXITO É DIFERENTE PARA CADA PESSOA. PARA alguns consiste em alcançar certas metas: um título universitário, uma promoção no trabalho, a independência em um empreendimento próprio, bens materiais. Para outros, o êxito pode ser a excelência no transcurso da própria vida, dar o melhor de si nas pequenas tarefas cotidianas, constituir uma família unida ou esforçar-se para o desenvolvimento de um esporte. As possibilidades são muitas e variadas. O segredo está no interior de cada um: depende dos desejos mais íntimos, do que nos faça felizes.

No lugar que nos coube, dando impulso à vontade, todos somos desenhistas de nossos próprios triunfos. Mas, para poder seguir percorrendo esse caminho de êxito, será necessário também –quase indispensável– deter-se, olhar atrás e dar-se o merecido tempo para desfrutar dos sucessos obtidos.

O êxito

O êxito é conquistar o que se deseja.
A felicidade é apreciar
o que já se conquistou.
Napoleón Hill

O êxito se constrói superando
debilidades. Cada história de êxito
é a história de um valor,
de um compromisso com algo mais elevado.
Frederick Harmon

Teve quem conseguiu o êxito
porque se atreveu a crer que
algo dentro de si mesmo era superior
às circunstâncias que o rodeava.
Bruce Barton

O êxito é algo mais parecido a uma viagem do que a um lugar de destino. O melhor é saborear o trajeto.

O único êxito que vale
a pena é o que está
em sintonia com a própria idiossincrasia...
O que é o talento senão a arte de ser
por completo a gente mesmo?
Henry James

Ponha seu coração, sua mente, seu intelecto
e sua alma ainda que sejam os seus menores
atos. Esse é o segredo do êxito.
Swami Sivananda

Crie sua própria definição de êxito. Se você
está fazendo aquilo que ama, orgulhe-se.
Se não está fazendo, pergunte-se por quê?
Kim Goad

Meu conselho é manter-se fiel a si mesmo,
não tratar de que a ambição por alcançar
o êxito nos faça imitar o êxito dos outros.
Cada um deve encontrá-lo à sua maneira.
Harrison Ford

A felicidade é esse estado de consciência
que deriva da conquista de nossas virtudes.
Ayn Rand

Não se alcança o êxito por casualidade. O alcançado é fruto do esforço, da própria capacidade, porém, raramente se trata de uma conquista individual. Quase nunca se chega ao objetivo sozinho. No trajeto percorrido e no que falta ainda transitar muitas pessoas nos brindam com sua ajuda, seu tempo, seu alento, seu conselho. Familiares, amigos, colegas, companheiros de trabalho... Nós mesmos deveremos ter sido seguramente participantes do sucesso de outros.

A generosidade pode manifestar-se de múltiplas formas: estender a mão em retribuição, agradecer, ajudar a outros que queiram se lançar na vida para começar a lutar por seus sonhos.

Em qualquer atividade desenvolvida, o êxito não deveria isolar e sim agrupar. Há muito para compartilhar com os demais neste movimento contínuo de dar e receber.

Compartilhar o êxito

O pensamento da pessoa que alcançou
o êxito é “eu ganho-você ganha”.
Tem uma mentalidade generosa. Crê que há muito para todos. Não pensa que para que uma pessoa triunfe, outra deve fracassar.
Stephen Covey

O triunfo não é completo
se desfrutado solitariamente.
Teo Cortés

Quando beber água, lembre-se da fonte.
Provérbio chinês

Um homem de êxito é aquele que recebe muito de seus pares, em geral, incomparavelmente mais do que lhe corresponde pelos serviços que lhes prestou. No entanto, o valor de um homem deveria ver-se no que dá, e não no que é capaz de receber.

Albert Einstein

O maior bem
que se pode fazer
a alguém, não é compartilhar com ele a nossa
riqueza, senão revelar-lhe as suas próprias.
Benjamin Disraeli

Aquele que foi favorecido outorga
sua benevolência a outros, em troca do que
recebeu. E ao faze-lo, opera com justiça.
Aristóteles

E que benefício traria a prosperidade
se não houvesse alguém que possa gozá-la
ao nosso lado? Na realidade,
a amizade confere ao êxito um esplendor
mais vivo e alivia o peso das adversidades
com a participação e a solidariedade.
Cicerón

É pouco o que você dá
quando dá daquilo
que possui. É quando
você dá a si próprio que verdadeiramente dá.
Khalil Gibran

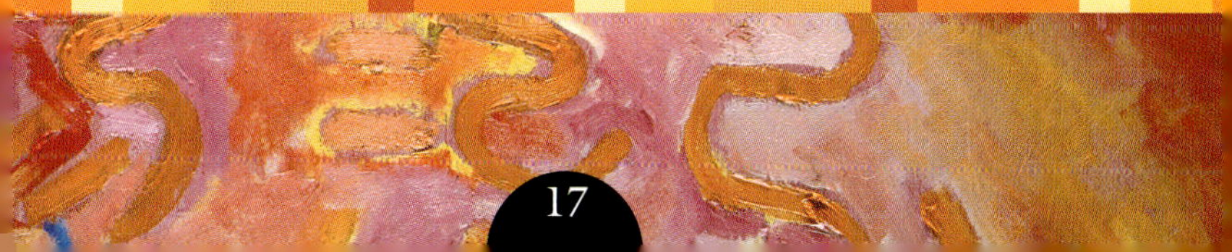

Se seguramos uma tocha para que ilumine
o caminho de outros, não podemos evitar
que nosso caminho também se ilumine.
Ben Sweetland

Há grandes homens que fazem aos demais
sentirem-se pequenos. Porém, a verdadeira
grandeza de um homem consiste em fazer
que todos se sintam grandes.
Charles Dickens

Façamos com que os que formam nossa equipe
de trabalho, superiores ou subordinados,
sejam participantes e não meros espectadores
de nossas conquistas.
Carolina Armendáriz

Mesmo quando um prêmio seja para você,
o reconhecimento deve se fazer estender
a toda a equipe de trabalho.
Você nunca triunfa sozinho.
Luc Adler

De que vale viver se não tornamos menos difícil a vida dos outros?

George Eliot

Ser bem sucedido significa que se tem
uma boa sorte e uma boa sorte
são as boas inclinações da alma,
os bons impulsos, as boas ações.
Marco Aurélio

Quando você encontrar o caminho,
outros encontrarão você.
Tão Te Ching

Uma pessoa bem sucedida sabe cuidar de suas relações pessoais e profissionais, e não mudá-las nem esquecê-las como conseqüência do caminho que percorreu.

Ja não é prioridade o sacrifício. Alcançamos algumas de nossas metas, somos bem sucedidos, e se, então, é bom continuar avançando, não necessitamos esforçar-nos tanto como no início. Um homem muito rico narrava que, de vez em quando, voltava à casa de sua infância, muito humilde, simplesmente para recordar de onde havia partido.

A memória. A capacidade de se deter para gozar o presente. O exercício da alegria e o otimismo: atitudes que parecem óbvias e, no entanto, não são freqüentes.

Desfrutar do sucesso: que outra atividade pode ser mais importante depois do esforço? Sem ela, tudo se tornaria irrelevante e sem sentido.

Desfrutar do sucesso: a capacidade de exercer este direito adquirido fará diferença entre alguém imerso em uma corrida incessante a lugar nenhum e uma pessoa feliz.

Desfrutar e cuidar-se mais

Não olhe a existência como uma luta,
senão como um prazer; não como uma guerra
ou um conflito, senão como uma celebração.
E a celebração é infinita.
Bhagwan Shree Rajneesh

Desde os tempos antigos, celebrar um triunfo
faz parte do próprio ritual da vida.
Paulo Coelho

Sentar-se com um cachorro em uma colina em
uma tarde gloriosa é como regressar ao paraíso
onde não fazer nada não era aborrecido, era paz.
Milan Kundera

Não é mal, de vez em quando, seguir os galhos. Dizem que é ali onde estão os frutos...

Rir freqüentemente e muito. Saber que pelo menos alguém passou uma vida melhor porque você existiu.

Ralph Waldo Emerson

O descanso não é indolência. Assim como deitar-se num campo em um dia de verão e escutar o murmúrio da água e observar o passo das nuvens flutuando no céu, não é perder tempo.

John Lubbock

O segredo da minha felicidade é tratar
as catástrofes como doenças
e não as doenças como catástrofes.
André Maurois

Temos a vida para gastá-la,
não para poupá-la.
D. H. Lawrence

A natureza não se apressa.
Não obstante, tudo se cumpre.
Lao Tsé

Aquele que beija a alegria
ao passar vive a aurora da eternidade.
William Blake

E, num instante, o ouro perdeu seu brilho, pois havia incontáveis tesouros do coração que o ouro nunca poderia comprar.
Charles Dickens

Em busca do tempo perdido...

Seria bom rever o conceito de "perder" o tempo. Por acaso é perda de tempo usar uns minutos para chamar a um amigo? Dedicar uns instantes a se afastar, sem ficar dependente da agenda. Aprender a distinguir o urgente do importante, o imediato do que se pode adiar. Por um freio nos prazos decisivos e perguntar-nos se não dará no mesmo faze-lo mais tarde ou na próxima semana. Analisar se vale a pena perder momentos importantes. Fazer uma parada para dar-se o luxo de relaxar e não prestar contas a ninguém por nossos atos, sonhos e desejos...

Não queira se apoderar
das estrelas.
As melhores coisas estão
muito próximas: o ar
que você respira, a luz
em seus olhos, as flores a seus pés, as tarefas
em suas mãos e as marcas da presença de Deus
à sua frente.

Robert Louis Stevenson

A vida não é governada
só por vontades ou intenções. A vida
é uma questão de nervos, fibras e células
onde a paixão esconde seus sonhos.
Oscar Wilde

Recomendações simples para combater o estresse

Gerar um clima apaziguador em casa
e no local de trabalho.
Sorrir para as pessoas.
Não se comprometer com uma tarefa
que não consiga cumprir.
Evitar realizar um trabalho em um prazo
pouco razoável de tempo.
Recordar que o perfeito
é inimigo do bom.
Não tentar agradar a todo mundo.
Aproveitar um fim-de-semana chuvoso
para ler um romance
do princípio ao fim.
Permanecer uns minutos
com a mente vazia,
criando o próprio tempo psicológico.

Que coisa simples
é a felicidade: uma taça
de vinho, uma castanha
assada, um braseiro
espalhado, o som
do mar... Tudo o que
se necessita para sentir que a felicidade está
aqui e agora,
é um coração leve e simples.
Nikos Kazantzakis

Quando dedicamos toda nossa atenção
a algo , até uma palha do campo se converte
em um mundo misterioso, extraordinário,
indescritivelmente magnífico.
Henry Miller

Às vezes é bom deixar escapar as preciosas
horas do dia. Porque muitas delas
o são precisamente porque deixamos
que escapem.
James M. Barrie

Busquemos em nosso interior e encontremos
esse tesouro que leva nosso nome.
Virginia Satir

Deter-se a olhar para trás, permitir-se o descanso e a satisfação dão, além de tudo, uma nova possibilidade: reunir forças para ascender ao próximo cume.

Trata-se, então, de um delicado equilíbrio: as recordações que inspiram a tranqüilidade do presente, a alegria da meta conquistada e os projetos novos que nos impulsionam para a frente.

Talvez a essência de estar vivos seja seguir sonhando sempre, imaginar outros objetivos, ter algo por que lutar.

Porém nunca esqueçamos que, por mais que a vida nos desafie todos os dias e nunca devamos nos render na luta por nossas ilusões, existem um tempo e um espaço únicos, preciosos para desfrutar e ser feliz.

Sonhar ainda mais adiante

Escute o desejo
como escuta o vento entre as árvores.
Krishnamurti

Não sou daqueles a quem é necessário estimular. Em todo caso, eu sou o estímulo.
Winston Churchill

Um dia aprendi que os sonhos são somente para se fazer a realidade; desde aquele dia já não durmo para descansar, durmo para sonhar.
Walt Disney

Aprenda com a árvore
e deixe cair as folhas secas
do passado para que adubem o solo,
onde suas raízes preparam o futuro.
René Trossero

É possível que os que mais fazem
são os que mais sonham.
Stephen Leacock

A pior falência que existe é a do homem
que perdeu seu entusiasmo.
Eugenio D'Ors

Todos os que fizeram história, sonharam
enquanto trabalhavam.
Giovanni Battista Guarini

Todos buscamos algo melhor na vida. O movimento primordial de nossa existência nos encaminha na busca da felicidade.
Dalai Lama

Depois de escalar uma montanha muito alta,
descobrimos que há muitas
outras montanhas para escalar.
Nelson Mandela

A mente enxerga uma ilusão maravilhosa
e pensa nela, deseja-a, não faz mais que sonhar
com ela; seu anseio de mais
e mais é interminável.
Sai Baba

Às vezes tememos abandonar

as certezas e abrir-nos ao que virá.

Porém, correr o risco permite concordar

com o desconhecido, aprender

e encontrar novos caminhos.

Para entender o coração e a mente
de uma pessoa, não olhe no que já conquistou
senão aquilo que todavia aspira fazer.
Khalil Gibran

Somente fechando as portas por detrás
de alguém se abrem as janelas do porvir.
Françoise Sagan

Aquele que está acostumado a viajar sabe
que sempre é necessário retornar um dia.
Paulo Coelho

O mundo é redondo e pode ser que o lugar
que parece o fim seja somente o princípio.
Ivy Baker Priest

O sucesso não tem fim. O que tenhamos conquistado hoje é um começo, não uma finalização.
Não há barreiras a superar dentro de nós? Removamos uma barreira e chegará um êxito maior. Considerando que cada êxito nos eleva e cria outra barreira, onde pode estar o limite?
Frederick Harmon

NÃO DEIXES PARA AMANHÃ O QUE PODES FAZER HOJE...

- RELAXE.
- RIA COM MAIS FREQÜÊNCIA.
- FAÇA UMA CAMINHADA.
- APRENDA A PEDIR AJUDA.
- PRATIQUE ALGUM ESPORTE.
- FAÇA UM PASSEIO COM SEUS FILHOS.
- TERMINE UM PROJETO PESSOAL.
- DÊ UM PRESENTE A VOCÊ MESMO.
- DEDIQUE-SE A UM HOBBY.
- PLANEJE UMA VIAGEM COM SEU PAR.
- RESPIRE PROFUNDAMENTE.
- E NÃO SE ESQUEÇA DE CONTINUAR SONHANDO MAIS...

Obras reproduzidas

Págs. 6 e 29: *Vista do Gazebo*, Hamish MacEwan. 1993

Págs. 8 e 10: *Paisagem da margem* Nº 4, Hamish MacEwan. 1990

Pág. 12: *Heliocêntrico*, Mildred Thompson. 1994

Págs. 15 e 16: *Mathew Nº 12*, Sherri Silverman. 1990

Pág. 18: *Música das esferas: Vênus*, Mildred Thompson. 1996

Pág. 20: *Café*, Diana Ong. 1996

Pág. 22: *Quinto dia II*, Carolina Santori.

Págs. 25 e 32: *Composição em ponto*, Diana Ong.

Pág. 27: *Paisagem do parque Nº 2*, Hamish MacEwan. 1996

Pág. 30: *Procissão*, Gil Mayers. 1997

Pág. 33: *Ilusão de montanha*, George Zoretich Steidle. 1964

Págs. 34 e 41: *Abstrato Nº 10*, Marilee Whitehouse-Holm.

Pág. 36: *Shiva*, Sherri Silvermann.

Pág. 42: *Subúrbio a beira-mar*, Hamish MacEwan.

Pág. 44: *Inframundo*, Tricia Gilman. 1993

Outros livros-presente desta editora

Nunca se renda

Tudo é possível

A maravilhosa amizade

Um presente para minha mãe

Um presente para minha filha

Para o homem de minha vida

Por que te amo?

Uma alegria de presente

Uma pausa para o espirito